AF264082

ÉLIE SORIN

LE
PLÉBISCITE

PARIS

LIBRAIRIE INTERNATIONALE

BOULEVARD MONTMARTRE, 15

A. LACROIX, VERBOECKHOVEN & Cᵉ, ÉDITEURS

A Bruxelles, à Leipzig et à Livourne.

—

1870

Tous droits de traduction et de reproduction réservés.

LE PLÉBISCITE

I

LE PLÉBISCITE ET LA SOUVERAINETÉ NATIONALE

Qu'est-ce qu'un *plébiscite ?*

C'est l'expression légale et libre de la volonté d'un peuple.

Un *plébiscite,* si ce mot a un sens, doit être réellement un décret de la souveraineté nationale.

La souveraineté implique chez celui qui l'exerce, peuple ou individu, pleine indépendance, pleine initiative, pleine autorité vis-à-vis de qui que ce soit.

Quand on dit que le peuple est souverain, il est entendu par là même que rien ne s'élève au-dessus de lui, ni président, ni roi, ni empereur.

Un *plébiscite* suppose que toute la circulation vitale dans l'organisme de la nation descend du peuple et remonte au peuple.

Donc, pour qu'il y ait *plébiscite* il faut que le peuple propose et que le peuple dispose : un *plébiscite* doit émaner du peuple et être consacré par le peuple.

Si à un titre quelconque, un magistrat plus ou moins élevé dans l'ordre hiérarchique, fût-il même investi de la plus haute dignité, se croit le droit de se substituer à la nation elle-même et de provoquer à lui seul des décisions dont l'initiative ne peut appartenir qu'à elle, ce magistrat commet un abus de pouvoir : il usurpe.

Le *plébiscite*, c'est-à-dire le vote populaire réglant la constitution de l'État, n'est pas chose nouvelle.

Les sociétés antiques de la Grèce et de Rome nous en ont légué la tradition ; mais il importe de savoir si réellement nous leur empruntons une institution plutôt qu'un mot ; si cette institution, d'ailleurs, est en rapport avec nos idées, nos mœurs et notre progrès social, qui veut avoir pour base la liberté.

Les *plébiscites* étaient en usage à Athènes.

On y consultait le peuple sur la place publique ; mais ce peuple était interrogé par des magistrats qu'il avait élus lui-même et qu'il avait le pouvoir de changer.

Ajoutons que ce qu'on appelait le peuple à Athènes, c'était une petite aristocratie de quelques milliers d'individus, dominant et exploitant les autres membres de la nation.

Athènes n'a rien de commun avec la France du xixe siècle : elle ne peut lui servir de modèle.

A Rome, il y avait aussi des *plébiscites :* il y en a eu sous la république et sous l'empire.

Sous la république, les *tribuns du peuple*, élus par lui, révocables par lui, avaient le droit de soumettre à sa décision des projets de loi : mandataires responsables du peuple, ils ne pouvaient que subir sa volonté ; jamais ils n'étaient maîtres de lui imposer leurs propres caprices.

Sous l'empire les choses changèrent : ce furent les

Césars qui s'arrogèrent le droit de consulter le peuple, quand il leur plairait et sur ce qui leur plairait.

L'histoire du plébiscite sous l'empire romain, — elle est tout entière résumée dans l'article 13 du sénatus-consulte soumis en ce moment à l'approbation du peuple français :

« L'empereur est responsable devant le peuple français, auquel il a toujours le droit de faire appel. »

Oui, les Césars antiques faisaient ainsi appel au peuple romain : ils lui disaient : « Voici ma volonté, que ce soit la tienne ! » Le peuple, d'ordinaire docile à des maîtres qui l'avaient abruti pour lui apprendre à obéir, sans discuter répondait : « Oui. »

Quelquefois aussi, placé face à face, avec la responsabilité personnelle de l'empereur, il s'érigeait en juge et faisait de la pourpre césarienne un linceul sanglant.

Nous ne sommes ni des Athéniens, ni des Romains ; nous ne sommes pas, comme les premiers, une aristocratie toute puissante dans ses caprices, et nous ne sommes pas encore, comme les seconds le devinrent, une démocratie toute avilie sous les caprices d'un maître.

Entre l'antiquité et nous, il y a bien des choses ; il y a le christianisme, il y a la Révolution française, cette synthèse de tant de révolutions qui l'ont préparée ; aussi nous ne citons que comme souvenir les exemples que nous venons de rappeler ; cependant, il nous est permis, sans exagération hyperbolique, de nous mettre en défiance contre tout ce qui pourrait nous ramener dans la voie où les sociétés antiques ont péri.

C'est avec une inquiétude profonde, pour le présent et pour l'avenir, que nous voyons aujourd'hui se produire parmi nous l'essai d'un nouveau droit public, qui peut tôt ou tard dégénérer en attentat contre le droit lui-même.

L'empereur Napoléon III, de sa propre autorité, interroge la nation française, et il semble au chef de l'État, qu'il peut imposer à cette nation le devoir de parler, au même titre qu'il lui a si longtemps imposé le devoir de se taire.

Le chef de l'État se trompe, s'il suppose que l'acte qu'il provoque est réellement un *plébiscite*.

Il nous est impossible de ne pas remarquer que cet acte est dépouillé des caractères essentiels qui constituent l'expression de la volonté nationale.

Nous n'y trouvons pas l'initiative de la nation représentée par un magistrat *responsable*, c'est-à-dire *révocable* ;

Nous n'y trouvons pas le contrôle immédiat et suprême du souverain qui s'appelle le Peuple sur le magistrat qui s'appelle l'empereur ;

Nous remarquons au contraire que ce magistrat, par illusion ou par calcul, semble vouloir faire émaner de lui et revenir à lui, toute autorité, toute spontanéité ; c'est lui qui convoque le peuple, c'est lui qui interroge le peuple.

Aussi, lorsque l'empereur parle du *plébiscite*, nous songeons naturellement aux *plébiscites* que provoquèrent les empereurs romains, chaque fois qu'ils en eurent besoin pour faire amnistier leurs crimes ou leurs fautes sous l'avilissement plus ou moins volontaire de la nation.

II

LES RÉFORMES PLÉBISCITAIRES DE 1870

Nous venons de laisser entrevoir quelques-uns des sentiments qu'éveille en nous l'attitude prise par le chef du pouvoir exécutif vis-à-vis de la nation française.

L'empereur s'arroge le droit de convoquer quand il lui

plaît les électeurs dans les colléges électoraux ; l'empereur, sans doute, se croyant maître de droit divin, daigne consulter la volonté nationale, à son jour, à son heure, à sa guise ; l'empereur dit au peuple : « Vous voterez, quand il me plaira que vous votiez, et sur le programme que moi-même je vous présenterai. »

Les choses étant ainsi, examinons le programme de l'empereur.

Voici la formule sur laquelle le peuple français est appelé à se prononcer par *oui* ou par *non* :

« Le peuple approuve les réformes libérales opérées dans la Constitution depuis 1860, par l'empereur, avec le concours des grands corps de l'État, et ratifie le sénatus-consulte du 20 avril 1870. »

Essayons de dégager ce qui se trouve compris dans cette phrase singulièrement complexe.

Il est entendu, d'une part, que le vote plébiscitaire porte sur les *réformes libérales* qui ont pu être apportées à la Constitution de 1852, depuis l'année 1860 ;

Il est entendu, d'autre part, que l'acceptation ou le rejet du *sénatus-consulte de 1870* se confond avec l'acceptation ou le rejet desdites réformes.

Avouons, qu'à première vue, rien n'est plus difficile à démêler, rien n'est plus embrouillé même pour bon nombre d'électeurs intelligents et instruits, que la question qui leur est soumise.

Nous aimerions, par exemple, qu'on nous indiquât d'une façon exacte ce qu'on entend par les *réformes libérales* accomplies ;

Nous aimerions qu'on nous exposât en détail et dans une suite d'interrogations précises, ce qu'on ne nous présente qu'en bloc et en quelque sorte sous le mystère d'une énigme ;

Serions-nous enfin trop exigeants en souhaitant qu'il nous fût permis de scinder notre approbation ou notre désapprobation, d'approuver, par exemple, telle mesure qui nous semblerait libérale et de rejeter un sénatus-consulte, qui paraît à bien des gens une négation flagrante de la liberté?

Non; de telles distinctions ne nous sont pas permises; ce sont, paraît-il, de vaines subtilités, et il faut que d'un mot, sans hésiter, sans discuter, nous nous prononcions sur un ensemble de mesures qui, pourtant, comme toutes les choses humaines, ne sauraient être parfaites d'un bout à l'autre.

Il semble que le chef de l'État, en rédigeant la formule qu'il nous présente, ait eu une bien haute idée de l'édifice élevé par sa politique ou qu'il se soit fait de notre jugement une opinion que nous nous abstenons de qualifier.

En effet, il est bien permis de supposer que sur quelques millions d'électeurs appelés au scrutin, il s'en trouvera une quantité considérable, pour qui la formule plébiscitaire sera lettre close : ils diront *oui* ou ils diront *non*, suivant l'impulsion qu'ils recevront, et la politique impériale enregistrera à son livre des profits et pertes le résultat d'un pareil vote.

Vraiment, pour qui réfléchit un instant, ce mode de scruter la volonté nationale, en l'interrogeant d'une façon ambiguë, dans des circonstances qu'on a préparées; ce mode de demander leur avis sur les plus graves questions de la politique à des milliers de gens qui les ignorent; cela ressemble à une comédie, quoiqu'il nous répugne de prononcer ce mot en si grave occurrence.

Nous l'avons dit : à Athènes, les *plébiscites* étaient l'œuvre seulement d'une minorité privilégiée; à Rome, les *plébiscites* étaient bien réellement sous la république l'œuvre du peuple; mais ils étaient préparés par les tribuns qui, sortis de ses rangs, responsables devant lui, élus pour une période temporaire, représentaient exactement les tendances de son esprit en même temps que, par leur culture intellectuelle, ils étaient au-dessus de ses inexpériences et de ses erreurs.

Sous l'empire romain, quand les Césars se furent, par une hypocrite fiction, attribué le titre de *tribuns*, alors seulement on a vu cette monstruosité, le *plébiscite* devenu un instrument de despotisme entre les mains de l'empereur qui seul avait le droit de le proposer, qui faisait voter en aveugles des foules auxquelles il demandait, quand cela lui plaisait, la renonciation des droits les plus sacrés et les plus inviolables de la dignité humaine.

Eh bien ! c'est un devoir de le dire aujourd'hui très-haut, ce *plébiscite* romain du temps de l'empire ; ce *plébiscite* qui a fait descendre au rang de peuple-esclave le peuple-roi du monde ; c'est ce *plébiscite* qu'on voudrait, au nom de la souveraineté nationale, au nom de la liberté, introduire dans les habitudes politiques de la France !

Je sais qu'on nous crie à nous, ennemis du vote plébiscitaire : « Vous répudiez donc le suffrage universel ; vous répudiez donc la démocratie ; vous vous dites les amis du peuple, et à ce peuple, vous lui refusez le droit de faire entendre sa voix... »

Cet argument vaut ce que vaut la cause qu'il a la prétention de défendre.

Ainsi, nous sommes les ennemis du suffrage universel, nous qui reprochons à votre régime plébiscitaire d'être l'expression du caprice individuel ;

Nous répudions la démocratie, parce que nous vous refusons le droit de la lancer dans le filet que vous tendez sous ses pas ;

Nous ne sommes plus les amis du peuple, parce que nous ne voulons pas qu'on remette entre ses mains l'arme dont vous savez bien qu'il se servira contre lui-même ;

C'est nous, qui sommes les faux libéraux ;

C'est nous, qui sommes les faux démocrates ;

C'est nous, qui n'agissons que par la ruse, pour faire croire à la nation qu'elle progresse en pivotant dans une étroite enceinte où nous la retenons ; tandis que vous, vous avez trouvé la loi suprême, le mot magique qui résume toute l'indépendance, tout le bonheur et toute la dignité de la patrie : « Il n'y a de liberté que notre liberté, et César est son prophète ! »

Nous venons de le dire et de le redire : l'acte plébiscitaire de 1870 nous est profondément antipathique, parce qu'il aura pour conséquence de ressusciter dans notre société moderne l'une des plus détestables institutions des sociétés anciennes abâtardies.

Mais, ce n'est pas seulement à la formule du plébiscite et à l'*article* 13 que se bornent nos répulsions ; pour nous, qui n'admettons pas d'autre source d'autorité et de législation, que le vote libre et spontané de la nation, nous ne pouvons nous empêcher de remarquer que le sénatus-consulte actuel confisque au profit du Sénat une partie des attributions du Corps législatif.

Il n'est pas besoin d'insister pour rappeler à tous ce qu'est ou plutôt ce que n'est pas la Chambre-Haute : le Sénat lui-même s'est trouvé étonné d'avoir, durant ces derniers jours, une importance relative dans les affaires publiques.

Le projet, un instant agité par la presse, de mêler dans cette assemblée un élément électif qui l'arrachât à sa stagnation et à sa maturité extrême, a été bien vite écarté et les pères-conscrits du Luxembourg sont aujourd'hui ce qu'ils étaient hier : ils sont les hommes de l'empereur, triés et endoctrinés par lui. Et ce sont eux qu'on vient mêler aux travaux de la vivante assemblée élue par la Nation !

Nous ne savons s'il faut comprendre les nouvelles attributions du Sénat parmi les « *nouvelles réformes libérales opérées dans la Constitution depuis* 1860; » si cela est, avouons que le libéralisme impérial de 1870 ressemble étrangement, par certains côtés, au libéralisme dont l'empire faisait profession en 1852.

Résumons l'ensemble de nos impressions sur le projet qui sera soumis au peuple français le 8 mai prochain :

1º On nous demande de concentrer dans la personne de l'empereur tout droit d'initiative souveraine ; de lui reconnaître, à lui et à ses descendants, le privilége de ne consulter la volonté nationale que suivant le bon plaisir de sa volonté individuelle ; en un mot, il s'agit de nous faire consacrer quelque chose qui nous reporte au delà de 89, jusqu'à la monarchie de droit divin, jusqu'au césarisme du Bas-Empire.

2º On nous demande de diminuer, par l'immixtion du Sénat dans le pouvoir législatif, l'influence de la seule assemblée où le peuple soit réellement représenté ; on nous demande de mutiler le pouvoir déjà si restreint de nos députés sous le pouvoir des créatures de l'empereur ;

3º On nous demande enfin de répondre à une sorte d'énigme si ambiguë, si confuse, si machiavéliquement agencée que *oui* et *non* courent risque d'être travestis et qu'on peut faire sortir un manifeste mensonger d'une seule syllabe.

Voilà, dépouillé de tout artifice, ce qu'est exactement le plébiscite !

En présence d'un tel état de choses, il s'agit de résoudre le plus tôt possible la question que nous avons sur les lèvres et dans le cœur : « *Comment voterons-nous?* »

III

COMMENT VOTERONS-NOUS ?

Comment voterons-nous ?

Si nette que soit notre opinion sur l'acte soumis à nos suffrages, il n'en est pas moins vrai qu'en face de l'urne du scrutin, de sérieuses et multiples réflexions viennent nous assaillir.

Précisément, en raison de l'adresse qu'on a mise à nous présenter la question d'une façon indécise, nous devons avancer avec une extrême prudence, décidés à tirer parti de tout ce dont nous pourrons profiter, et, cependant, ne nous engageant pas assez pour tomber dans le piége.

Le problème est assez embrouillé pour avoir divisé déjà beaucoup de bons esprits, et cette division n'est peut-être pas une des moindres chances sur lesquelles la politique rétrograde a basé ses calculs.

On s'est dit : « La France a désormais horreur des troubles civils ; elle montre peu d'empressement à seconder les émeutes de la rue ; plaçons-la entre nous et la révolution ; pour lui ôter toute idée d'hésitation affirmons-lui que la liberté c'est nous, et la France nous choisira une fois de plus par faute de mieux ou par crainte de pis. »

Le stratagème n'a pas été mal combiné : il a même quelque chance de réussir tant est grand le nombre des gens que la peur peut fourvoyer et surtout tant il se trouve de moyens d'action entre les mains de certaines gens.

Nous le constatons avec tristesse : nous pourrions citer quelques libéraux sincères qui se décident à voter *oui* pour maintenir le *statu quo*. « Au moins, pensent-ils, nous pouvons nous rendre compte de notre situation présente : elle ne vaut guère, mais elle peut s'améliorer ; nous la préférons à l'inconnu, qui serait la conséquence du vote *non*. »

Ce raisonnement trouvera à coup sûr de très-nombreux partisans parmi les hommes qui sans être hostiles au progrès et à la liberté, estiment qu'avant tout le meilleur des progrès et la meilleure des libertés, c'est de ne compromettre ni le repos, ni les intérêts présents.

A ces estimables mais un peu timides amis de l'ordre, qu'il nous soit permis d'affirmer que nous avons écrit cette brochure surtout à leur intention ; nous avons voulu leur faire entendre un langage calme, leur déclarer que nous-mêmes ne haïssons rien tant que les violences de la rue et les clameurs des coteries séditieuses ; mais qu'avant tout, nous haïssons et redoutons toute alliance plus ou moins apparente avec le pouvoir personnel, parce qu'il est le comble de l'anarchie.

Vous les *conservateurs*, vous les bourgeois, les propriétaires, les capitalistes, c'est vous qui allez consacrer le régime plébiscitaire parce que vous avez peur d'une révolution...

Sachez-le donc ! Au lieu d'une révolution, vous vous préparez ainsi pour l'avenir une suite indéfinie de révolutions ! Vous allez reconnaître à l'empereur le droit de ne vous consulter que quand il le voudra ; de vous demander votre avis, suivant son bon plaisir ; et ce droit, vous le reconnaîtrez non-seulement à lui, mais à ses descendants !

Insensés que vous êtes, cela ne vous semble pas une plus terrible révolution, que si hurlante et armée la démocratie en haillons se ruait sur vos champs, sur vos demeures, sur vos coffres-forts ! Allez, donnez au maître plein pouvoir d'extraire de vous toute la moelle qu'il en pourra tirer : ce sera lui ou ce seront ses successeurs qui, un jour, viendront chez vous ou chez vos fils, conduire comme à la curée les masses auxquelles ils se verront forcés de jeter le pain du communisme, faute de leur avoir donné la féconde vie de la liberté.

Et vous, ouvriers, campagnards, artisans de la ville et des champs, est-ce vous qui consacrerez le régime plébiscitaire, cette manière de gouverner qui consiste à vous faire dire votre avis sur des choses si embrouillées, qu'en dépit de votre sens naturel, vous n'êtes pas assez savants pour y voir clair jusqu'au fond ?

Le régime plébiscitaire, cela signifie en deux mots que l'empereur et ses successeurs auront le droit chaque fois qu'ils le voudront de vous faire dire *oui* ou *non*, sans que vous sachiez si vous devez dire *oui* ou dire *non;* et ils profiteront de votre réponse pour faire des choses comme la guerre du Mexique, comme le libre-échange qui a causé tant de torts à notre industrie et à nos travailleurs, comme la loi sur l'armée dont vous savez mieux que personne les conséquences.

Ouvriers des villes et des campagnes, est-ce vous qui aurez la folie de voter le régime plébiscitaire?

Non, il ne faut pas introduire, parmi nous, ce déplorable mode de gouvernement : il ne faut pas établir un précédent qui puisse l'aider à se fonder dans un avenir plus ou moins prochain.

Voter *oui*, c'est ou une adhésion franche et définitive à l'empire *plébiscitaire* que nous venons de réprouver, ou une adhésion momentanée et pleine de restrictions à cette forme de gouvernement comme à un mal passager en vue d'éviter un mal plus grand.

Ni dans un cas, ni dans l'autre le vote *oui* ne nous semble répondre aux besoins de notre situation politique.

Voter *non*, c'est nettement refuser d'accorder une ombre

de confiance à un gouvernement sorti d'un coup d'État et qui n'a duré dix-huit ans que par l'absolutisme; voter *non*, c'est à première vue la logique du droit, de la justice, de la dignité nationale.

Qu'on y prenne garde, toutefois : la question posée par le chef de l'État est si complexe que les hommes mêmes qui ont voté *oui* en 1852, peuvent aujourd'hui voter *non*, et par ce vote ils écarteront les *réformes libérales*, ils nous ramèneront à l'absolutisme : c'est là leur rêve secret; c'est là le traquenard tendu dans le plébiscite.

Voter *non*, tel est, nous le savons, le programme de la démocratie; cependant nous ne pouvons nous empêcher de reconnaître combien de dangers se cachent derrière ce programme. La réaction et la révolution peuvent l'adopter l'une et l'autre indifféremment; mais ce sera, croyez-le, la réaction qui en fera son profit.

Pour nous, qui, au lendemain du 2 Décembre, eussions sans hésiter voté *non*, pour repousser le pouvoir personnel et usurpateur, nous ne pensons pas qu'aujourd'hui une négation aussi formelle soit nécessaire : d'abord, nous sommes placés en face d'une constitution compliquée que nous ne croyons pouvoir ni adopter, ni rejeter en bloc; ensuite, les temps ne sont plus les mêmes. En dépit de l'empire, la liberté a fait son chemin : si défectueuse que soit la constitution qu'on essaie d'inaugurer, elle ne pourra nous faire perdre tous les bénéfices de nos efforts; ce sera à nous, par des moyens pacifiques et légaux plutôt que par des tentatives insurrectionnelles, d'essayer de dégager de cet ordre de choses nouveau, tout ce qui pourra servir nos principes; — voilà l'ensemble des considérations qui nous décideront à garder en face du plébiscite que nous détestons de toute la force de nos convictions, une attitude de réserve défiante plutôt que d'hostilité agressive.

Au vote négatif nous préférerons le BULLETIN BLANC, parce

qu'il ne peut prêter à aucune équivoque qui se retournerait contre la cause libérale : ainsi, nous combattrons sans nous exposer à être désarmés par l'adversaire.

Le BULLETIN BLANC, dans notre pensée, cela signifie :

« Nous refusons de vous répondre à vous, qui nous demandez si nous voulons la liberté, parce que nous n'admettons pas qu'on se croie le droit de nous offrir ce qu'on n'avait pas le droit de nous ravir ;

» Nous refusons de vous répondre parce que vous n'avez pas le droit de nous interroger : la Nation seule, par l'intermédiaire de ses représentants révocables, a le droit de se poser des questions à elle-même ;

» Nous refusons de vous répondre, parce que le pouvoir que vous vous arrogez, nous ne le reconnaîtrions qu'à une ASSEMBLÉE NATIONALE CONSTITUANTE librement élue pour refondre et affermir nos institutions sur de nouvelles bases ;

» Nous refusons de vous répondre, parce que devant l'Europe, devant le monde, devant l'histoire, les urnes de la France se feront assez entendre par leur silence ! »

IMPRIMERIE L. TOINON ET Cᵉ, A SAINT-GERMAIN